Inhalt

Drahtlose Übertragungstechniken - Bluetooth bekommt einen Turbo

Kernthesen

Beitrag

Fallbeispiele

Weiterführende Literatur

Impressum

GENIOS WirtschaftsWissen Nr. 06/2006 vom 19.06.2006

Drahtlose Übertragungstechniken - Bluetooth bekommt einen Turbo

M. Westphal

Kernthesen

- Bluetooth ist inzwischen ein Übertragungsstandard für kurze Übertragungswege, der sich großer Beliebtheit erfreut.
- Für zukünftige Anwendungen, die große Bandbreiten benötigen, ist Bluetooth wenig geeignet.
- Neue Initiativen möchten Bluetooth mit breitbandigeren Übertragungstechniken "verheiraten".

- Die Bemühungen verschiedener Interessengruppen zur Beschleunigung von Bluetooth scheitern bisher noch an verschiedenen Hürden.

Beitrag

Bluetooth hat sich zu einem viel genutzten Funkstandard gemausert. Jetzt soll Bluetooth einen Turbo bekommen, um so schnell zu werden, dass damit auch hoch auflösende Videos gestreamt und Musik auf portable Player wie den ipod übertragen werden können.

Bluetooth hat sich inzwischen zu einem populären Funkstandard entwickelt

Inzwischen hat die Drahtlostechnologie Bluetooth ihre Anfangsschwierigkeiten überwunden und sich zu einem populären Funkstandard entwickelt, der in vielen Handys, Druckern, Tastaturen, Freisprecheinrichtungen und auch Kameras eingebaut ist und diese dann via Funk mit dem Computer oder untereinander kommunizieren lassen. Und die Zahl der mit Bluetooth-Chip ausgerüsteten

Geräte steigt täglich. (3)
Bluetooth ist bis jetzt eher im Büro oder auch mobilen Büro präsent, in dem das Handy automatisch via Bluetooth die neuesten Kalendereinträge oder Telefonnummern mit dem PC synchronisiert. (3)
USB ist ein großer Markterfolg. Die bisher bereits vorhandenen 2,5 Milliarden USB-Ports werden sich in den kommenden Monaten um eine weitere Milliarde vergrößern. Die Abneigung der Anwender vor Kabelsalat führt zu den Bestrebungen, eine drahtlose USB-Variante zu schaffen. (6)
Das führte zu Überlegungen einer Verknüpfung von Bluetooth mit USB zu "wireless USB".

Die mangelnden Übertragungsraten waren bisher ein Hinderungsgrund für "Bluetooth" als zukunftsträchtiger Übertragungsstandard

Bluetooth soll jetzt durch den Hub zu "wireless USB" noch interessanter werden, da mit technologischen Neuerungen die Übertragungsraten deutlich gesteigert werden sollen, um Bluetooth somit für Anwendungen im "digitalen Heim" brauchbar zu

machen. (3)
Die Übertragung von Musikdateien und Videos ist eine datenintensive Anwendung, weshalb deutlich höhere Übertragungsraten benötigt werden, als Bluetooth sie heute bietet. (3)
Der Kurzstreckenfunk nach dem Bluetooth-Standard ist im Vergleich zu USB nur eine Schneckenpost, denn es werden bestenfalls 1MBit/s erreicht in der Regel aber nur 100kBit/s. Die Verheiratung von Wireless USB und Bluetooth wird die Übertragungsraten deutlich anheben. (6)

Der Ultrabreitfunk UWB wird, wenn er in den Bluetooth-Standard aufgenommen ist, die Bluetooth-Datenraten in den Bereich eines herkömmlichen Firewire-Anschlusses bringen. (3)
Ultrawideband benötigt wenig Strom und bietet sich daher im Gegensatz zu WLAN als drahtlose Alternative zum Kabel an. (4)
UWB-Bluetooth soll Datenraten von 480 Megabit und mehr pro Sekunde übertragen können. (2), (6)
Schon 2008 sollen die ersten "Wohnzimmer"-Geräte mit UWB-Bluetooth ausgestattet sein. (3)

Schon seit Jahren gibt es Initiativen zur Initialisierung

neuer und schnellerer "Bluetooth"-Standards

Schon im Jahre 2003 begannen UWB-Firmen, ihre Vertreter in eine Task Force zu entsenden, die einen allgemeinen Standard für UWB verabschieden sollte. Nach einem Jahr hatte man die zahlreichen Vorschläge für eine Luftschnittstelle auf zwei reduziert (Multiband OFDM und Direct Sequence). Die Task Force teilt sich seither immer noch in zwei Lager, weshalb im Januar 2006 beschlossen wurde, sich aufzulösen und beide Standards parallel nebeneinander her weiter zu entwickeln. (4), (6)
Die Special Interest Group der Bluetooth-Technologie hat sich zur Beschleunigung für die Ultrawideband-Technik (UWB) entschieden. Dieser Kurzstreckenfunk soll dem zukünftigen Bluetooth die benötigte Bandbreite ermöglichen. Diese Technik wird von der Wimedia-Allianz um HP, Intel, Microsoft, Philips, Samsung, Sony, STMicroelectronics, Texas Instruments und Nokia favorisiert. Das konkurrierende UWB-Forum mit Motorola (Freescale) und Siemens geht deshalb leer aus. (2), (6), (7)
Die Kooperation zwischen der Wimedia Alliance und der Bluetooth Special Interest Group soll Bluetooth auch in TV-Apparate, DVD-Festplattenrekorder oder Media Center bringen, sodass auch diese Geräte alle drahtlos miteinander kommunizieren können. (3)

Den schon erhältlichen UWB-Chipsets können den Beweis der Interoperabilität mit Chipsets anderer Hersteller noch nicht erbringen

Freescale hat in 2004 bereits einen Chipsatz für UWB auf den Markt gebracht, welcher im August 2004 von der US-amerikanischen Regulierungsbehörde FCC eine Zulassung bekam. Auch wenn Freescale mehrfach über Gerätehersteller aus der Unterhaltungselektronik berichtet hatte, die die Technik in ihre Geräte integrieren wollten, so ist trotzdem bisher nichts über größere Markterfolge bekannt. (4), (6)
Die Zurückhaltung der Kunden könnte auch darin begründet liegen, dass Freescale bisher nicht in der Lage war, einen weiteren Halbleiterhersteller auf seine Seite zu ziehen, um somit auch den Nachweis führen zu können, dass Geräte mit Anbietern verschiedener Chips interoperabel sind. (4), (6)
Die von Freescale angebotenen UWB-Chips nutzen die DS-UWB-Variante (Direct Sequence Ultra-wide Band). Die anderen Anbieter für UWB-Chips folgen

größtenteils der alternativen Technologie MB-OFDM (Multiband-Orthogonal Frequency Division Multiplex). (4)

Die Verbreitung von "UWB-Bluetooth" muss noch einige Hürden überspringen

Ein Hinderungsgrund für die Verbreitung der UWB-Technologie liegt in der fehlenden Funkzulassung in den meisten Staaten. Bisher ist UWB überhaupt erst in den USA zugelassen. Allerdings soll die Zulassung in Japan unmittelbar bevorstehen und Südkorea wird dann auch bald folgen, in China ist das Funken mit UWB unter gewissen Auflagen erlaubt. In Europa ist noch große Zurückhaltung angesagt. (4)
Der Grund dafür, dass in Europa bisher noch keine Bemühungen für die Zulassung der UWB-Frequenzen gestartet wurden ist, dass UWB mit einem Frequenzgang von 7 GHz ein extrem großes Frequenzband nutzt. Und für dieses gibt es bereits einige zugelassene und zahlende Nutzer. (4), (6)
Im Gegensatz zu Wi-Fi, mit dem relativ engen 2,4 Gigahertz-Frequenzband, nutzt UWB einen sehr breiten Bereich von 3,1 bis 10,6 GHz. Allerdings ist die Signalstärke hierbei so gering, dass die sonstige

Funktechnik in diesem Bereich nicht gestört wird. Die volle Bandbreite wird aber auch nur bis zu einem Abstand von bis zu drei Metern erreicht. (5), (6) Nicht geklärt ist bisher auch die Frage, ob das UWB-Bluetooth abwärtskompatibel ist bzw. sein muss mit dem konventionellen Bluetooth. Die bereits vorhandene installierte Basis spricht allerdings eher für Abwärtskompatibilität als unverzichtbares Muss. (6)

Fallbeispiele

Das US-amerikanische Unternehmen Staccato nennt seine Ultrawideband-Lösung "Ripcord". (4)

Die Bluetooth-Schnittstelle wird zukünftig auch in Autos für das Content-Streaming in das Fahrzeug genutzt werden. (8) Erste diesbezügliche Produkte sollen noch in 2006 vorgestellt werden. In Fahrzeuge integrierte Bluetooth-Technik wird wohl nicht vor 2007 zu erwarten sein. (8)

Weiterführende Literatur

(1) Analyst: Gescheiterte Norm kein Drama – Ergänzung zu künftigem WLAN Ultrawideband kommt auch ohne Standard
aus Computer Zeitung, Heft 21, 2006, S. 4

(2) Bluetooth findet Funknachfolger
aus Computer Zeitung, Heft 14, 2006, S. 1

(3) kleider, lachen, leute
aus Kurier (Österreich) vom 2006-03-31, Seite 26

(4) USB ohne Kabel ist stark im Kommen welche UWB-Variante wird die Nase vorne haben? UWB: Hype oder Trend?
aus Markt und Technik, Heft 05/2006, S. 28

(5) Wireless USB kommt im Herbst
aus tecChannel.de Online, Meldung vom 07.03.2006

(6) Koalition der Mehrheit macht noch keinen Markt Bluetooth soll breitbandig werden
aus Markt und Technik, Heft 16/2006, S. 40

(7) Bluetooth gibt Gas - mit UWB
aus tecChannel.de Online, Meldung vom 29.03.2006

(8) Bluetooth in Autos: Neuer Standard
aus tecChannel.de Online, Meldung vom 15.02.2006

Impressum

Drahtlose Übertragungstechniken - Bluetooth bekommt einen Turbo

Bibliografische Information der deutschen Nationalbibliothek

Die Deutsche Nationalbibliothek verzeichnet diese Publikation in der deutschen Nationalbibliografie; detaillierte bibliografische Daten sind im Internet über http://dnb.d-nb.de abrufbar.

ISBN: 978-3-7379-0317-2

© 2015 GBI-Genios Deutsche Wirtschaftsdatenbank GmbH, Freischützstraße 96, 81927 München, www.genios.de

Alle Rechte vorbehalten. Dieses Werk ist einschließlich aller seiner Teile – z.B. Texte, Tabellen und Grafiken - urheberrechtlich geschützt. Jede Verwertung außerhalb der Grenzen des Urheberrechtsgesetzes bedarf der vorherigen Zustimmung des Verlags. Dies gilt insbesondere auch für auszugsweise Nachdrucke, fotomechanische Vervielfältigungen (Fotokopie/Mikroskopie), Übersetzungen, Auswertungen durch Datenbanken oder ähnliche Einrichtungen und die Einspeicherung und Verarbeitung in elektronischen Systemen.